D1874447

Anne Velghe

Als Robin nicht mehr singen wollte

BRUNNEN
VERLAG GIESSEN · BASEL

Janina, die Gans, und Felix, der Hund, treffen sich heute im Hof vor dem Nest von Familie Singer. Es gibt etwas zu feiern: Bei den Rotkehlchen sind gerade zwei wunderhübsche, winzig kleine Vogelküken aus dem Ei geschlüpft – Robin und seine Schwester Leonie. Die Vogeleltern sind mächtig stolz auf die beiden. Kaum ist der kleine Robin aus dem Ei geschlüpft, als er auch schon anfängt zu singen. „Unser Jüngster wird uns bestimmt noch viel Freude machen“, denken Mama und Papa Singer gerührt.

Ein paar Tage sind vergangen. Robin und Leonie haben anstelle der flaumigen Federchen ein erstes leichtes Federkleid bekommen. Robin ist ein vergnügter kleiner Kerl. Er zwitschert und singt von früh bis spät. Und manchmal träumt er davon, einmal ein großer und berühmter Sänger zu werden.

Nicht alle Tiere auf dem Hof sind von seinem Gesang begeistert. Aber Mama und Papa Singer haben bald nur noch Ohren für das Gezwitscher ihres Jüngsten.

Und es kommt ihnen so vor,
als ob Robin von Tag zu Tag
schöner singt. Sicher ist er ganz
ungewöhnlich begabt!
Ein Naturtalent!

„Hat er nicht eine wundervolle Stimme?“, fragt Mama Singer.
„Wir sollten ihn zum Sänger ausbilden lassen.“
„Ja, warum bringen wir ihn nicht zu Meister Oktavius?“, stimmt Papa Singer zu. Meister Oktavius ist nicht nur ein berühmter Musiker, sondern auch der Dirigent des Vogelchores im Lindenforst. Sicher freut er sich über einen so kräftigen Sänger wie Robin.
Schon am nächsten Tag fliegen Mama und Papa Singer mit Robin zu Meister Oktavius.

Robin ist furchtbar aufgeregt. Ob dem berühmten Musiker sein Gesang gefallen wird?
„Ein neuer Schüler?“, begrüßt Meister Oktavius Robin freundlich und nickt Mama und Papa Singer zu. „Wir freuen uns über jedes neue Mitglied in unserer Chorfamilie. Aber ich möchte

natürlich gern wissen, ob Robin auch zu uns passen wird. Sicher kannst du uns etwas Schönes vorsingen, Robin?“ Robins Herz klopft schnell. Er beginnt mit seinem schönsten Lied. Aber nach den ersten Tönen spürt er es ganz deutlich: Irgendetwas stimmt nicht. Robin wagt einen Blick auf seine Zuhörer.

Warum halten sich alle Sänger aus dem Vogelchor die Ohren zu? Die einen verziehen ihre Schnäbel, andere schlagen entsetzt mit den Flügeln. Und dann bricht ein Sturm von Protesten los. „Ein Rotkehlchen willst du sein? Rostkehlchen – das wäre passender!“, ruft die Amsel. „Eine Schande wäre er für uns“, zwitschert der Kolibri aufgeregt. „Habt ihr schon jemals einen so schrägen Gesang gehört?“, trillert die Lerche.
„Scheußlich, diese Stimme. So schief, dass man sie nicht einmal nachmachen kann!“, krächzt der Papagei. Auch Meister Oktavius sieht bestürzt aus. Gefällt Robins Gesang ihm etwa auch nicht?

Robin bleibt sein Lieblingslied in der Kehle stecken.
Er bringt keinen Ton mehr heraus.
Und bevor Meister Oktavius etwas sagen kann,
ist er schon davongeflogen. Er will nur noch weg von hier.
Am liebsten möchte er sich verkriechen.
Und das tut er auch – unter den Flügeln von Mama Singer.

Auf dem Weg nach Hause
sagt niemand ein Wort.
Felix hat unterwegs auf sie gewartet.
Er wollte der Erste sein, der Robin
gratuliert! Aber er sieht schon
von weitem, dass er keine guten
Nachrichten hören wird.
Robin ist untröstlich. Er lässt sich
noch nicht einmal dadurch
aufmuntern, dass Felix ihn auf
seinem Rücken nach Hause trägt.

An diesem Abend bleibt es still im Hof unter dem Nest der Familie Singer. Kein fröhliches Gezwitscher ist heute von Robin zu hören.
Der Mond steht schon lange am Himmel, als plötzlich ein unerwarteter Besucher erscheint. „Nanu, das ist doch Meister Oktavius!“, ruft Mama Singer überrascht.
„Es tut mir Leid, dass Robins Lied heute Nachmittag so misslungen ist“, sagt Meister Oktavius. „Wenn man so klein und so aufgeregt ist, gelingt nicht alles auf Anhieb. Robin hat eine gute Stimme – aber sie ist noch ungeübt. Wenn Sie es erlauben, Madam Singer, werde ich ihm Gesangsunterricht geben.“
„Das würden Sie wirklich tun?“, ruft Papa Singer von hinten.
„Ich kann ihn doch nicht mit dieser Enttäuschung allein lassen“, lächelt Meister Oktavius. „Ich habe noch nie jemanden im Stich gelassen.“

Als Robin hört, dass Meister Oktavius ihm Gesangsunterricht geben will, ist er gar nicht begeistert.

Nein, diesen Musiker und seinen Chor will er am liebsten nie mehr sehen! Felix muss sich ganz schön viel einfallen lassen um Robin zu überreden.

„Ein so berühmter Mann will dir Unterricht geben. Jeder wird dich beneiden, Robin! Stell dir nur vor, wie die anderen staunen werden . . .“

Und so erhält Robin schließlich doch seine erste Gesangsstunde. Wenn er sich nur nicht wieder blamiert! – Aber heute muss Robin keinen einzigen Ton singen. Stattdessen singt Meister Oktavius ihm etwas vor. Robin muss nur zuhören und Meister Oktavius zeigt ihm, welche Noten zu den verschiedenen Tönen gehören. Das ist gar nicht schwer.

Robin bekommt sogar ein ganz klein wenig Lust,
auch selbst das Singen wieder zu probieren –
in ein paar Tagen vielleicht.

Jeden Tag geht Robin nun zu Meister Oktavius.
Und es dauert gar nicht lange,
da macht Robin das Lernen sogar Spaß.
Die Unterrichtsstunde vergeht oft
wie im Flug. Meistens kommt es
Robin vor wie ein fröhliches Spiel.
Zwitschern, Trillern, Pfeifen –
Übungen und Spiele wechseln
einander ab.

Und mit jedem Tag wird Robins
dünne Stimme ein wenig
kräftiger und sicherer.

Nach ein paar Wochen kann Robin die Zeit bis zur nächsten Stunde oft kaum erwarten. Die neuen Töne, die Noten und Tonleitern, das C, das D, das F und das G – all das birgt nun kein Geheimnis mehr für Robin. Sein Gesang wird von Tag zu Tag schöner und fröhlicher. Und eines Tages macht Meister Oktavius einen Vorschlag, der Robins Herz höher schlagen lässt.

Bald gibt es wieder ein Konzert im Lindenforst.
Robin soll dabei sein . . . und er soll sogar
ganz allein ein Lied vortragen!

Der große Tag ist gekommen. Robins Herz klopft rasend schnell vor Aufregung. Gleich ist er an der Reihe. Ob er es diesmal besser machen wird?

Die ganze Familie Singer hält den Atem an und lauscht gespannt auf Robins Gesang . . .

Als Robin sein Lied beendet hat, ist es einen Moment lang ganz still. Dann bricht der Beifall los. Robin hat wunderschön gesungen – und nur am Anfang hat man es ein bisschen gemerkt, dass er seeehr aufgeregt war. „Du warst wunderbar, Robin“, sagt Papa Singer. „Ich habe ja immer gewusst, dass aus dir ein großartiger Sänger werden würde.“
„Dein Lied war wunderschön“, piepst Leonie ihm ins Ohr.

Auch die Lerche und die Amsel, der Kolibri und der Papagei haben gespannt zugehört. Und auch ihnen hat Robins Lied gefallen. Sie gratulieren ihm sogar zu seinem Erfolg!
Robin flattert ein paar Mal mit den Flügeln . . .
er ist so verlegen, aber auch sehr stolz und glücklich.

Zuletzt erscheint auch Meister Oktavius.
„Es hat zwar ein wenig Mühe gekostet“, sagt er,
„aber heute, Robin, bin ich stolz auf einen
solchen Schüler wie dich!“

Es ist spät geworden. Leonie ist schon so müde, dass sie sich gleich ins Nest kuschelt, als sie mit Robin und Mama und Papa Singer nach Hause kommt. Mama Singer flüstert Robin zu: „Möchtest *du* nicht heute das Gute-Nacht-Lied für deine Schwester singen? Ich bin nämlich wirklich zu müde dazu . . .“

Das lässt Robin sich nicht zweimal sagen. Und dann singt er das schönste Gute-Nacht-Lied, das er bei Meister Oktavius gelernt hat.

Mama und Papa Singer sind eingeschlafen. Im Hof träumen Felix und Janina schon längst von neuen Abenteuern.
Aber noch spät in der Nacht hört man Robins Abendlied.
Es erzählt von einem ganz besonders schönen Tag.
Pst, sei ganz still . . .
hörst du es auch?

2. Alle Grillen singen noch ein kleines Abendlied.
Und die Bienen bringen rasch den letzten Honig mit.
Alle kleinen Käfer krabbeln auf ihr Bettchen rauf
und die großen Käfer bleiben noch ein halbes Stündchen auf.
Lieber Gott . . .